AF214887

Reinhold Brunner

eintagsflüge

Gedichte

mit Illustrationen von
Judith Wagner

www.tredition.de

© 2021 Reinhold Brunner
Illustration, alle Grafiken: © Judith Wagner
Lektorat: Anna Di-Lena

Verlag und Druck:
tredition GmbH, Halenreie 40-44, 22359 Hamburg

ISBN
Paperback: 978-3-347-21266-4
Hardcover: 978-3-347-21267-1

In schweren Zeiten bekommt
das Gewicht ein Gesicht.

eintagsflüge

wir die anderen

sie haben ihre
dinge zu tun
ihre sachen zu machen

sie sind sie selber
und du bist du
wir
das sind die anderen

wort

recht geben
recht behalten
recht fallen lassen
recht verdrehen
recht brechen

sprecht

wort geben
wort behalten
wort fallen lassen
wort verdrehen
wort brechen

fort

Warren 2020

philosophie

da steht ein satz im text
den dreh ich hin und wende
ihn her und ring die hände
und kann ans satzesende,
es ist verflucht verhext
verflixt, nicht angelangen
ohne diese klage:
wie komm ich in die lage,
dass ich nicht immer frage,
wie hat er angefangen?

nie genüge

der hitzkopf macht vergeblich, wie die fliege,
seine fensterscheibenflüge

der bauer steht am bahnhof und die ziege
sieht die tiertransporterzüge

der große redner feixt und sagt, er liege
niemals falsch und spricht die lüge

der kleine turner in der letzten riege
wagt den spruch und kriegt die rüge

der trocken leere brunnen fragt, wie kriege
ich jetzt wasser in die krüge

der junge wilde sänger hätte nie ge-
glaubt, dass ihm genug genüge

ein tag

(30. November 1991)

die sonate die klingt
der fluss der grünt
das ozon das locht

die musik die stampft
der tag der graut
das aids das seucht

die horde die grölt
der nebel der fällt
das benzin das preist

die zeit die im bild
der balkan der kriegt
das kind das flieht

die sowjet die zerfällt
der national der sozialisiert
das asylgesetz das verschärft

die frau die auf dem plakat
der mann der mit dem hund
das paar das hand in hand

die wohnung für die mieter ohne kind
der böller erschießt den krampus
das kaufhaus das weihnachtet sehr

kehraus

aus allen wolken fällt die welt, das rad dreht runden
flügellos kann dich der boden nicht mehr tragen
das a und o fortuna und der kopf voll wunden
wasser bis zum hals, es geht dir an den kragen

die welt wird schnell aus fug und fach geraten
gänsehäute rutschen rücklings übers tief
das senkblei fliegt vorbei, wir stehen und schauen taten-
los das lot an: waagrecht hängt es, nicht bloß schief

wind war immer schon gefahr für unser karten-
haus und gegen sturm sind wir recht schlecht bewehrt
hoffnung hält als pferdehaar jetzt dieses schwert

damokles liegt lieber hier im luxusgarten
blätter werden sich nicht wenden, sondern neu gemischt
kehraus kommt und fegt, das letzte licht erlischt

hund

gras
exkrement
hund

er tut ja nichts
        solange wir still dastehn
tut ja eh nichts
        und unser fleisch zur disposition steht
er beißt nicht
        solange das kind seine haut feil hält
ist ja eh brav
        und wir nicht rennen
den letzten beißen die

hund
sakrament
sarg

neuner 2020

strohfeuer

I

brennt hell
rennt schnell
kommt grell daher
die augen zu
die finger weg
die flamme stirbt
am boden bleibt
ein wenig asche
und
ein wenig staub
daneben
bleibt es kalt

II

stroh feuert aus lohen
funken im hohen bogen
fliegen dahin
und hierhin
entzünden hier
und da
ein totes holz
ein altes herz
damit auch dieses brennt
nur nicht so schnell
und nicht so hell
es glimmt noch lang
durch alle kälten
seiner welten

wagner 2020

bleib nicht stehen

du wolfshund
schwarz
treib mit deinem bellen
angst durch mark und bein
von der nase bis zum zeh
geh
geh weiter
bleib nicht stehen

grab

nass
das hemd
unter den tränen
mein hiersein dein dortsein
grube

unten
der leichnam
wird erde werden
eine handvoll werfe ich
hinab

leer
die wände
des neuen tempels
deine abwesenheit ist da
mensch

verlassen
die welt
die du warst
unser endlos einsamer ort
wortlos

fort
die möglichkeit
für alles weitere
werden wir weiter treiben
lebend

innen
wie außen
der wilde zweifel
ob wir alleine sind
gottlos

göttlich
die vorsehung
wäre ein trost
und du bist weg
gegangen

fragend
was hätte
was wäre wenn
wir früher nicht wir
vergeben

tot
der kapitän
mitten im meer
wir müssen jetzt rudern
wohin

bedeutungslos
die antwort
auf die frage
die wir dir stellten
leer

reglos
dein körper
wo bist du
wesen bleibt uns nun
vergangen

vergehend
in erde
was wird werden
aus uns für immer
hier

dunkel
im eingang
mit der todesanzeige
wie wahre ich haltung
wankend

weiß
das Taschentuch
in meiner Hand
war für dich bestimmt
nass

sarkophag

es wird betont
keine gefahr
nicht erfahr
nicht erfahren
nicht erfahrbar
nicht weit
weg gefahren

betoniert
so viele jahr
weit weg
keine gefahr
der geiger geigt
kein geruch
bloß der geiger zählt

tausend geigen
hängen am himmel
hängen und geigen
sonst nur schweigen
schweres wasser
schweres schweigen
glücklich ist

wer verschweigt
was zu verschweigen ist
wenn der geiger geigt
und menschen zählt
wenn menschen zählen
und menschen leben zahlen
für den fleischfresser

versuch

die haare stehen auf
die zeit drückt uns zu
du öffnest eine frage
ich höre auf dein warten
du hörst auf unser spiel
ich suche die sehnsucht
das gesicht zeigt sich
es läuft heraus
die füße bleiben
in schweren schuhen
die tage suchen den abend
das tun verfällt dem schlaf

was der fall ist

wir werfen die würfel,
fallen aus allen wolken
und liegen regentropfend
auf einer seite im sand

ich sage jetzt,
und erwarte, was mir zufällt
das herbstblatt verlässt den zweig
und klebt sich auf den bachlauf

du sagst vorbei,
jedenfalls wartest du und
der schnee lässt vom ast ab, geht
als niederschlag auf den weg

ich höre ihn
und der hund hört auf zu bellen
ein kind hält sich drüben noch
ohne sturz auf seinem rad

du bleibst stehen
wie eine schwalbe auf dem draht
ein wort steht auf der kippe
lang – bis die entscheidung fällt

wir lassen die würfel
links liegen, verstreuen sand,
und steigen von stein zu stein
weiter zur anderen seite

an händen halten wir

an händen halten wir
uns im labilen gleichgewicht

aus augen reiben wir
uns wolken in den farbigen fluss

mit stimmen heben wir
das lied aus der tieferen schicht

an lippen suchen wir
den immer wiederkehrenden kuss

in armen liegen wir
aus fallen wird süßes gewicht

rückverführung

verführe mich, berühre meine haut
dann lege deine finger an die lippen
verbinde mich mit meiner wunden welt
und lausch dem rausch in meinen rippen

wir geben uns die ohren, ohne laut
und übersteigen scham mit räuberleitern
verschränken finger, sind auf uns gestellt
gehn innenseits der unterarme weiter

der puls versteckt sich zwischen speich und elle
spür ihn herauf, dort an der weichen stelle
und lass die adern schlagen hals und laut

vergraben wir die knie in dunklen kehlen
und legen wir die achseln in die höhlen
verführe mich zurück in meine haut

eintagslieder

ein strahl fährt durch den
tau, das licht bricht auf und färbt
den wartenden tag

*

ein wind kämmt wellen
ins gräserfeld, die halme
fingern nach dem tag

*

eine grasblüte
im luftschloss, falter tanzen
wimpern schlagen auf

*

ein ast gabelt sich
lässt licht durchs laub, der schatten
streicht über den stamm

*

eine bö blättert
durch die baumwipfel, horch – gleich
ist das rauschen da

*

ein ahornflügel
schraubt sich als kindliches schwin-
delexperiment

*

ein tropfen fällt ein
tropfen trifft auf ein tropfen
fällt ein tropfen trifft

*

ein bach läuft um den
baum herum und flüstert: komm,
komm wir spülen uns

*

ein fluss füllt sich ins
bett, mäandermahlwerk mit
knisterkies am grund

*

ein übervoller
himmel schickt gefallene
engel als hagel

*

ein meer wirft wellen
auf den sand, schaum nur flüchtig
dann ist alles neu

imago

im kopf der rauch
was kann der magen
nicht alles ertragen
der knotenbauch

sich winden wie laokoon
mein mäander
mein falter im kokon

die larven
sind sklaven
ihrer verwandlung

form

für J. W.

bin ich mein körper
folgt er mir
folge ich

setze schritte durch substanz
durch nebel
in meine gegenwart

figuren tauchen auf im
gehen kommen auf mich zu
ich lade sie ein

die eine fasse ich betaste
und verwandle sie in
dieses wesen hier

ich kämpfe mit der kraft
die sie gibt und zeigt
und zerrt und zwingt
und fleht:

gib mir meine form
verliere mich in deine welt
verheiße mir ein sein
bewege mich hinein

wesen

für J. W.

in der welt die nichts enthält
geht neues wesen
auf die suche

drei engel stehen
köpfe in wolken
füße im lehm

wind biegt einen körper
ein pferd streckt sich
ein sitzender schwebt

kentauren kauern hier
und da springen
zaudern zagen jagen

meine körper
eingekreist von kreatur
verwandeln meine seele

mitten unter wölfen
wandle ich als wölfin
wittere die welt

business

geschäftsordnung

das geschäft des geschäftsmanns ist
das geschäft

das geschäft des träumers ist
der traum

der traum des geschäftsmanns ist
das geschäft

das geschäft des tänzers ist
der tanz

der tanz des geschäftsmanns ist
das geschäft

das geschäft des freundes ist
die freundschaft

die freundschaft des geschäftsmanns ist
das geschäft

löcher

loch
nesssibu
loch
nessbusi
loch
sibuness
loch
sinessbu
loch
bunesssi
loch
business
loch

geschäft

piss
näss

urkunde

ich kunde
du kunde
menschenkunde

postkunde
bahnkunde
autobahnkunde

stromkunde
wasserkunde
gebührenzahlerkunde

wohnkunde
esskunde
stoffwechselkunde

privatkunde
ausweiskunde
staatsbürgerkunde

rechtskunde
wahlkunde
verkündungskunde

sozialkunde
arbeitskunde
kündigungskunde

bankkunde
würdigkeitskunde
leistungsempfängerkunde

luftkunde
entsorgungskunde
bestattungskunde

sex sells

sex sells
sich selbst oder anderes
es macht keinen unterschied

die verheißung der bilder ist
die lüge der eigenen wünsche

die hautoberfläche ist
das füllwerkzeug der manipulation

der haarlose schliff
die glatte lüge

der wunschvertreter steht dir im weg
das versprechen an deine haut
zerbricht an der berührung

im kühlschrank des blicks
bleibt nichts privat
das auge wird ständig gefickt

wie kommen sie darauf

kommen wir zum wesentlichen
kommen wir zum wesen
kommen wir zum pudel
kommen wir zum kern
steigen wir hinein

zahlen bitte!

zahlen zählen
gewinnzahlen
quartalszahlen
sich auszahlen
zahlt sich aus
und wie komme ich zum haus
lottozahlen
zinsen zahlen
haus auszahlen
sich auszahlen
fertig bringen
schäfchen trocknen
hunde hüten
den hunden
haufen
den kunden
kaufen
haufenweise
häusel häufen
haufen kaufen

zahlen quälen
qualen zählen
die qualen der wahlen
die mühlen die mahlen
wie steine im kopf

wie positioniere ich mein ich
wie verdinge ich mich
wer ruft mich auf
wer ruft mich an
wer beruft sich worauf
wer arbeitet
wer gibt
wer kriegt am markt
der grenzenlosen
highspeed geldstromfreiheit
wo schwimmt das ich
wie schwimmt das selbst
wie lassen wir es sinken
geld sinkt nicht
geld stinkt nicht

ich anbieter
du kunde
du anbieter
ich kunde
kündiger
am kündigsten
da müssen sie einsteigen
da lassen wir sie aussteigen

da lassen wir sie steigen
da lassen wir sie fliegen
da steigen die kurse
da entlassen wir sie wieder
die fallen wie die fliegen
die lebenszeitgeber
die sich selber geber
die fallen aus
die fallen aus den wolken
den himmeln in die
die kurse stiegen
die fallen
die gefallenen
die aus der arbeit gefallenen
die im marktkrieg gefallenen
die lassen sich den kurs gefallen
wo sie lernen wie ein ich
sich bewirbt bis es stirbt

die überflüssigen
die geldflüsse flüssig halten
die selbstübernehmer
die selbstunternehmer
die sich verkaufen
die ich verkaufen
die ohne ziel
die abgezielten
die auf dem boden liegen
die auf den taschen liegen
die ohne platz

die mit zu ohne kunft
die mit be ohne ruf
die mit aus ohne bildung
die mit über ohne fluss
treiben dahin auf den straßen
treiben die kurse in höhen
vertrieben aus dem fluss
vertreiben sich die zeit
sitzen in höhlen
aus überflüssigkeit
hinausgetreten
hinausgelassen
entwässert
entlassen
weil des volkes wagen von alleine fährt

wir schaffen
wachstum
wirt schafft
wachstum
wachsweich
wachs dumm
weich in der birn
wachs im hirn
wachsung
wucherung
krebsung
zahlenkrebs im kopf

wirt zahlen!

wirt schafft
wir zahlen
wir mahlen
wir zermahlen
     uns das hirn
wie wir den fall
     aufhalten
wie wir den sturz
     stürzen
wie wir am bodensatz
weiterleben
wo der kurs
     weiter dumm klettert
bis er knatternd niederschmettert
und auf uns zerschellt
inmitten menschenmassen

das ist gravitation
das ist entropie
das ist irritation
das ist demoralisation
das ist die moritat
mit dem mack
mit dem messer
mit der schere
komm
mit der schere
einkommen abschneiden
auskommen umschneiden
hau drauf

sei deines eigenen glückes schmied
hau drauf
tritt rein
tritt ein
mein diktator

mein diktat
der markt diktiert
das marktdiktat
das weihnachtsgeschenk
dem mitarbeiter
die mitarbeiterfreisetzung
dem mais
die maisfreisetzung
der freiheit
die aussetzung
es lebe der freiheit
schöner götterfunke
götterdämmerung
heute schon
hinausgehen
hineingehen
eingehen
aufgehn
übergehen
machtmanipulation
medienmanipulation
genmanipulation
genmais
gensoja

generation
rationalisiert

ratespiel
raten zahlen
monatsraten
tagesraten
sonntagsbraten
zahlen raten
zukunft zahlen
zinsen zahlen
zukunft raten
wachstumsprognosen
wetterprognosen
windhosen
hochdruck
tiefdruck
wetterdaten
sonne in dein leben
flaute
arbeitslose
klassenlose
kastenlose
sturz
morgentemperatur
höchttemperatur
tiefsttemperatur
wettersturz
wolken mit regenschauer
kurssturz

fallkurs
sturzkurs
anlegerfreundlich
lächelt der frühling
investoren gehen verloren
eingeweideschauer
kurskurvenschauer
uns alle geht das an
unser tägliches brot
der tägliche fond
wie der sturm oben
die fische unten im meer

kommen sie
kommen sie
kommen sie zum wesen
kommen sie zum tier
treten sie
treten sie ein
treten sie rein
treten sie
zu haufen
in haufen
stopfen sie
von hand
das land

das ist der stoff aus dem wir sind
das ist der stoffwechsel
das ist das stofftier

das ist das tier
das ist der hund
das ist das produkt
das ist das ende
das ist das endprodukt
das ist das stoffwechselendprodukt

so sind wir auf den hund gekommen.

hayek

der markt ist frei
der markt kriegt frei
der markt hat frei
der markt ist krieg
der krieg ist markt

strategie
werbefeldzug
preisschlacht
offensiven

offensichtlich
kriegt der markt die macht
der machtkrieg
der marktführer
der führer
der schreit
der marktschreier
der heilschreier
der heilskrieger

finanzprodukt

finanzmarktexperte
analyst
geldtaschenanalytiker
analyxperte
börsenanal
finanzexkrement

t-shirt aufdruck

F. A. HA
YEKI
SAKI
LLER

songs

Warum hat mich keiner gern?

Ich bin die Sonne dieses Hauses und der König sowieso.
Die neueste Kaffeemaschine kommt in mein Büro.
Auf Kosten der Abteilung reis ich durch die weite Welt.
Ich nehm die Schoko, die mir zusteht und dazu gleich Macht
und Geld.
Ist meine Wahrheit auch erstunken oder bloß erlogen,
mit Fantasie und Paragrafen wird alles hingebogen.
Und wenn da jemand kommt und mir die Meinung geigen will,
dann grinse ich – und halte einfach still.

> Warum mögen mich die Leute nicht?
> Warum hat mich keiner gern?
> Warum lieben mich die Menschen nicht,
> das versteh ich nicht.
> Ich schenk doch allen Licht
> von meinem Stern.
> Warum hat mich keiner gern?

An jedem Morgen reite ich mein dickes schwarzes Rad.
Da trete ich nach unten und nach oben bin ich smart.
Die Arbeit macht mein Vize, der ist eine gute Haut.
Ich selber pflege meine Wichtigkeit und aalglatte Haut.
Ich bin der Star meiner Branche. Auch wenn ihr es nicht gleich
merkt,
bin ich ein Mensch voll Güte, drum, Vasallen, geht ans Werk!
Gebt mir Bericht über mein Volk, es darf sich nicht verstecken.
Dem Sonnenkönig darf man dann die Stiefel lecken.

Nur manchmal träum ich einen dunklen Traum.
Ich seh ein großes schwarzes Loch da fallen Menschen rein.
Und einer zeigt auf mich und schreit:
Das Loch,
das Loch bist du!

Warum mögen mich die Leute nicht?
Warum hat mich keiner gern?
Warum lieben mich die Menschen nicht,
das versteh ich nicht.
Ich schenk doch allen Licht
von meinem Stern.
Warum hat mich keiner gern?

Nimm deine Liebe

Nimm deine Liebe nicht weg von mir.
Lass den Glanz in deinen Augen nicht vergehn.
Lass meinen Namen in deinem Mund nicht sterben.
Gelangt unsre Liebe nur bis hier?

Die Zeit zurückdrehn, es gelingt mir nicht.
Gesagte Wörter schlagen Löcher in den Raum.
Inmitten all der Wunden such ich Licht
in deinem Blick, wie flieh ich aus dem Traum?

Such Liebe hinter meinen Mauersteinen.
Zerbrochen will ich neu beginnen.
Lass Liebe in die Augen steigen.
Lass sie quellen, lass sie rinnen -
Fang sie auf,
trag sie weit,
durch den Nebeltag

Child New Born

There's a miracle today.
We'll be sheltered from the rain
The sky be dry and we'll be warm.
In the dark of the night
hear the lark it brings the light,
hear the lark it brings the light.

Because the child new born could save us all. Keep it
safe and keep it warm and hold it in your arms.
Hug and kiss and sing a lullaby.
Save our souls. Save our lives.

Who knows when? Who knows why?
Who knows who? - We do!
It is you my child!
Let us dance and sing and fly.
Like the lark we all will rise
high up to the skies.

How the chill wind bites the nose.
Feet in shoes with broken soles.
Clothes are wet and torn and old.
Can't believe what we've been told.
Life is born, life will grow.
Let us dance and let us show that...

... the child new born could save us all. Keep it
safe and keep it warm and hold it in your arms.
Hug and kiss and sing a lullaby.
Save our souls. Save our lives.

Ich komm zufuß zu dir

Der Bildschirm schreit mich an:
„Glotz mich nicht ständig an!"
Ich schalt den Strom ab und lass ihm seine Ruh,
Die Welt bleibt heute stehen, die Welt bleibt heute zu.
Genug scheint nie genug, verloren bin ich hier.
Ich hab genug von meiner Gier.
Ich komm zufuß zu dir,
hab so genug von meiner Gier.

Jenseits von Eden sitzen sie im Garten,
in ihren Spielerfingern sind wir alle Karten.
Politiker, Geschäftemacher schweben oben irgendwo,
die andern stehn am Zaun und warten im Nirgendwo,
gefangen in der Logik von Estragon und Wladimir -
warten auf Godot und worauf warten wir?
Ich komm zufuß zu dir.
Worauf warten wir?

Wenn die Welt auf der Umfahrungsstraße
am Leben vorbeifährt, steh ich am Rand
mit dem Rücken zur Wand.
Im Zeitgefängnis sitz ich fest
und halt das Leben in der Hand
wie Sand und es rinnt mir immer durch die Finger.
Um fünf vor zwölf dröhnt ein Glockenschlag in mir.
Wer macht mit wem ein Rennen hier?
Ich komm zufuß zu dir.

Ich mach kein Rennen hier!
Ich komm zufuß zu dir.

Ich geh raus durch diese Tür,
weil ich hier immer frier'
und lass den Regen hinter mir.
Wenn das Wolkenband aufbricht,
zeigst du mir das Abendlicht.
Es legt sich warm auf dein Gesicht.
In deinen Augen bin ich ich.
In unsren Händen sind wir wir.
Ich komm zufuß, ich komm zufuß zu dir.

Schaumgeboren

Wind weht vom Meer her,
Wellenberg und Tal,
küsst die Wasserlippen – schaumgeboren wir

Salz fährt in die Stirn
zischt und wirft sich auf den Sand
zeichnet Wellenrücken – schaumgeboren wir

      Sie ist nicht für ihn bereit,
      er wartet auf die Zeit,
      sie lieben Langsamkeit
      zu zweit
      schrein Zikaden laut ihr:
      komm zu mir, komm zu mir
      komm zu mir

Körperwarmes Meer
tropft auf sonnenheiße Steine,
Hände greifen Sterne – schaumgeboren wir

Zikaden schrein die Zeit,
Tränen liegen bereit.
Ein Lachen will sie pflücken,
legt sich auf den Rücken,
Meer salzt unsre Lippen – schaumgeboren wir –
schaumgeboren wir – schaumgeboren wir

Οι αφρογεννημένοι

(Schaumgeboren, Übersetzung: Maria Brunner-Kalantzi)

Ο άνεμος φυσάει
και φιλάει τα κύματα
της θάλασσας τα χείλη – οι αφρογεννημένοι εμείς

Το κύμα σκάει πάνω στο μέτωπο
αφρίζει στην άμμο
ράχη των κυμάτων – οι αφρογεννημένοι εμείς

     Αργά θα πρέπει να περάσει
     ο καιρός
     Μέχρι να ωριμάσει
     η αγάπη
     Τραγουδάνε και τα
     τζιτζίκια τζιτζιτζί
     τζιτζιτζί

Θερμό θάλασσας νερό
στάζει σε πέτρα ηλιόλουστη
Χέρια αγγίζουν αστέρια – οι αφρογεννημένοι εμείς

Τζιτζίκια μετρούν λεπτά,
έτοιμα τα δάκρυα.
Ένα γέλιο τα γιατρεύει.
Η ζωή ημερεύει,
αλάτι στα χείλη – οι αφρογεννημένοι εμείς –
οι αφρογεννημένοι εμείς – οι αφρογεννημένοι εμείς

Kind der Dreißigblättrigen

Wenn ein Mensch alleine im Regen
von bösen Lachern steht,
hältst du deinen Regenschirm
gegen dieses Wetter, gibst ihm Mut.

Katzenkinderklageruf –
du bist die Rettung in der Not.
Denn schon immer wusstest du:
Gutes gibt es nur, wenn man es tut.

> Du Kind der Dreißigblättrigen,
> der dreißig roten Blütenblätter.
> Ein Blumenkind liebt seine Stacheln,
> schau genau, sei blumenschlau!

Riesengroße Körper und Hörner
und alle Zeit der Welt.
Diese Tiere warten auf
Weiden und sie kauen und sie atmen.

Marmeladewolken und Sonnen
und Sterne auf dem Meer,
und ein Regenbogen brauchen dich,
um zu wissen, dass sie da sind.

> Du Kind der Dreißigblättrigen,
> der dreißig roten Blütenblätter.
> Ein Blumenkind liebt seine Stacheln,
> schau genau, sei blumenschlau!

Ein Flügelschlag

Du trägst die Welt auf deinen Schultern
was leicht erschien, ist es nicht mehr
und immer mehr siehst du die Welt,
wie sie geht und steht und fällt.
Du sagst, du fragtest nicht danach
und niemand fragte dich.

An deinem Herzen hängt ein Stein,
ein schwerer schwarzer, er ist dein
Gewicht, du trägst es als Last,
wenn du singst
wenn du singst und tanzt und lachst.

    Lass mich dich tragen ein Stück,
    lass mir den Schmerz ein Weilchen.
    Ein Flügelschlag und ein Sprung,
    ich halt die Welt einstweilen fest.

Dein Herzgewicht verdichtet sich
zu einem Edelstein.

Die Flügel schlagen wild und voller Kraft
und deine Federn zaust der Wind,
das himmlische Kind.
Wie gerne hielte ich dich warm,
wie gerne trüg ich dich durch diesen Sturm.

Lass mich dich tragen ein Stück,
lass mir den Schmerz ein Weilchen.
Ein Flügelschlag und ein Sprung,
ich halt die Welt einstweilen fest.

dank

Gedichte entstehen nicht in einem leeren Raum, sondern aus dem lebendigen Austausch mit der physischen und sozialen Welt. Mein erster Dank gilt Maria, Daphne, Raphael und Lydia, die meinem Leben Rahmen, Glück, Substanz und Sinn verleihen. Ich danke Mirjam aus der Ferne und Martha fürs Lesen und den regen Austausch, Andreas für die Gespräche voller Sprachwitz und Poesie einschließlich des „du sagst", Regula Meier-Schleuss für den „Edelstein, der sich verdichtet", Jörg Trobolowitsch, dessen Komposition die Inspiration für „Child New Born" war, und besonderer Dank gebührt Anna Di-Lena, meiner Lektorin, die mit viel Wissen, Formgespür und Einfühlung, mit kleineren und kräftigeren, klugen und originellen Hinweisen und Verbesserungen den Texten das Finish gegeben hat.

Nicht zuletzt möchte ich mich bei Judith Wagner bedanken, die sich in einem intensiven und fruchtbaren, wechselseitigen Austauschprozess von den Gedichten inspirieren hat lassen und mit ihren Zeichnungen diesen Band um eine bildnerisch-poetische Dimension wesentlich erweitert hat.

inhalt

eintagsflüge

business

songs

dank 81

Foto: Gerlinde Gorla

Reinhold Brunner

wurde 1964 in Braunau am Inn geboren und wuchs in Salzburg auf. Er beschäftigte sich mit Mathematik und Naturwissenschaften, studierte Musik- und Tanzpädagogik am Mozarteum in Salzburg und Rhythmik an der Musikuniversität Wien. Er arbeitete als Lehrer, Schauspieler, Tänzer und Musiker, lebt in Baden bei Wien und lehrt Rhythmik, Tanz und Gitarre in der Ausbildung von Sozialpädagog*innen. *www.musikundbewegung.eu*

Judith Wagner

wurde 1973 in Wien geboren und studierte dort an der Universität für angewandte Kunst Bildhauerei bei Wander Bertoni, Sepp Auer und Brigitte Kowanz. 1998 schloss sie mit Auszeichnung ab und erhielt den Würdigungspreis des Bundesminis-

Foto: Gerlinde Gorla

ters für Wissenschaft und Verkehr. Sie absolvierte ein Auslandssemester an der Kunsthøgskolen in Oslo/Norwegen, nahm an Steinsymposien in Niederösterreich, Südtirol, Deutschland und der Slowakei teil und war Assistentin an der Universität für angewandte Kunst und Assistentin im Atelier John de Andrea in Denver/USA. Sie ist Lehrbeauftragte an der New Design University in St. Pölten, gibt Kurse für Bildhauerei und lebt und arbeitet in der Nähe von Wien. *www.judithwagner.at*

Zeitfracht Medien GmbH
Ferdinand-Jühlke-Straße 7
99095 Erfurt, Deutschland
produktsicherheit@kolibri360.de